Digitale Kunst für Einsteiger

Wie Sie die Grundlagen der digitalen Bilderstellung und Bearbeitung leicht verstehen, die passenden Programme wählen und Schritt für Schritt das erste digitale Kunstwerk erschaffen mit Krita, Photoshop, Inkscape und Co.

Sebastian Engelmann

INHALT

Das erwartet Sie in diesem Buch

Sie malen oder zeichnen gern und möchten Ihre Fähigkeiten auf digitale Möglichkeiten ausweiten, aber wissen nicht so richtig, wie Sie damit beginnen sollen? Sie sind überwältigt von der Vielzahl an Optionen, Zahlen und Symbolen beim Öffnen eines Bildbearbeitungsprogramms? Sie scheitern bereits bei der Auswahl eines geeigneten Bildbearbeitungsprogramms? Haben Sie versucht, digital zu zeichnen oder zu malen, aber waren nie wirklich zufrieden mit dem Resultat?

Dieser Ratgeber wird Ihnen allgemeines und solides Grundwissen zur digitalen Verwirklichung Ihrer künstlerischen Kreationen vermitteln. Weiterhin zeigt er Ihnen Wege auf, Probleme beim Erstellen digitaler Kunst anzugehen und zu lösen. Von den Grundlagen digitaler Grafik über die Programm- und Formatauswahl bis hin zu den wichtigsten Werkzeugen und Arbeitsmethoden wird Ihnen hier alles in einfach verständlichen Erklärungen erläutert.

Das Ziel ist es, einen Einstieg in die Welt der digitalen Kunst zu geben und eine grundlegende Denkmethode zu vermitteln, mit der Sie praktische Probleme effektiv angehen und lösen können. Der Schwerpunkt liegt auf der technischen Umsetzung, mit der sich jeder auseinandersetzen darf, wenn er sich eine neue Arbeitsmethode aneignen beziehungsweise seine vorhandenen Fähigkeiten in eine neue Umgebung übertragen möchte. Je nach Vorkenntnissen im Umgang mit dem Computer stellt dies unterschiedlich große Herausforderungen dar.

Dieses Buch wendet sich an Menschen, die bereits Erfahrungen mit der grundsätzlichen Bedienung eines Computers haben. Es vermittelt keine rein künstlerischen Kenntnisse. Es ist dennoch schwieriger, einen Computer zu bedienen, als einen Stift in die Hand zu nehmen. Diese Herausforderung soll mithilfe dieses Ratgebers auf ein Minimum reduziert werden.

SEBASTIAN ENGELMANN

Digitale Grafiken verstehen

DIE TECHNISCHEN GRUNDLAGEN DER DIGITALEN BILDBEARBEITUNG

Um in die digitale Bildbearbeitung einzusteigen, bedarf es einer kurzen Einführung in die Theorie der Grafikdarstellung in Computern. Computer sind im einfachsten Sinne nur Rechenmaschinen. Sie können Informationen strikt logisch bearbeiten und speichern. Um Grafiken zu zeigen, wird eine Vielzahl kleiner Lämpchen innerhalb des Bildschirms zu bestimmten Farben geändert, je nachdem, wie die Informationen des Computers es vorgeben.

Digitale Bildbearbeitung beschäftigt sich damit, diese Informationen zu bearbeiten.

Das klingt alles sehr abstrakt, ist aber mithilfe einiger Programme nicht allzu verschieden von Stift und Papier. Als Vergleich: Die Tinte auf dem Papier dient gleichzeitig der Bildinformationen und der Darstellung. Lämpchen im Monitor und Informationen im Computer trennen diese Funktion und eröffnen gleichzeitig einiges an neuen Möglichkeiten. So ist eine digitale Grafik eher vergleichbar mit einem aus Papierblättern gebautem Haus, anstatt nur einem einzelnen Blatt. Es lässt sich beliebig in alle Dimensionen erweitern und wieder reduzieren. Dadurch werden viele neue Möglichkeiten eröffnet, effektiv komplexe Ziele zu erreichen.

Das Beste daran ist allerdings, dass trotz all dieser komplexen Möglichkeiten simple Kritzeleien dennoch möglich sind. Und nicht nur Kritzeleien; nachdem Sie sich genug Geschicklichkeit mit dem digitalen Arbeiten angeeignet haben, können Sie einen Computer genauso verwenden wie Stift und Papier – und ziemlich die gleichen Ergebnisse erzielen. Natürlich werden viele Probleme der traditionellen Kunst auch stark vereinfacht. Es besteht zum Beispiel kein Grund, grobe Skizzen oder krumme Linien wieder zu radieren, da es zum Beispiel Rückgängig-Funktionen und saubere Trennung einzelner Elemente durch Ebenen und Transparenz gibt.

RASTER- UND VEKTORGRAFIKEN

Es gibt zwei grundsätzlich verschiedene Wege, Grafiken digital darzustellen. Man spricht von Rastergrafiken und Vektorgrafiken. Rastergrafiken sind eine Anordnung vieler kleiner bunter Quadrate in einer Rechteckform. Diese werden Pixel genannt und durch deren Anordnung entstehen Bilder – sehr ähnlich zu Tinte auf Papier. Viele winzige Farbpigmente in einer bestimmten Anordnung auf dem Papier sind die kleinsten Grundbausteine von Gemälden und Fotos.

Vektorgrafiken hingegen sind mathematische Funktionen, Koordinaten und Pfade, welche, wenn berechnet, eine Grafik erstellen. Diese Methode funktioniert effektiv nur in Computern und hat Vor- und Nachteile gegenüber Rastergrafiken. Man könnte sie vergleichen mit einem aus Stöcken und anderen Materialien konstruierten Kunstwerk – aber ohne die physikalischen Limitationen, die mit solch einer Konstruktion in der realen Welt entstehen.

Der Nachteil ist, dass Vektorgrafiken einiges an Rechenaufwand zur Darstellung der Grafik benötigen, weshalb sie ungeeignet für die meisten Anwendungsfälle sind. Viele Details und irreguläre Formen sind sehr schwer bis unmöglich mathematisch abstrakt zu beschreiben, weshalb Vektorgrafiken auch eher ungeeignet für Fotos und Gemälde sind. Die Vorteile von Vektoren sind, dass sie sehr leicht skalierbar und veränderbar sind. Wenn Sie also geometrische Zeichnungen anfertigen oder Logos erstellen möchten, die Sie klein auf einer Webseite oder gedruckt auf einem Flyer, aber auch als großes Schild an der Front Ihres Firmengebäudes präsentieren möchten, sind Vektorgrafiken perfekt.

Über 99 % aller Bilder, denen Sie bei der Nutzung eines Computers oder eines Smartphones begegnen, sind Rastergrafiken. Selbst Bilder, die ursprünglich Vektorgrafiken waren, sind sehr wahrscheinlich „gerastert", um Rechenleistung zu sparen. Gerade Linien, Rechtecke und Kreise, die Sie in einem Zeichenprogramm erstellen, sind vorerst oft Vektorgrafiken, die später gerastert werden. Eigentlich stimmt das nicht ganz, da Buchstaben ja auch Grafiken sind und Computerschriften in der Regel Vektorgrafiken sind. Das ist auch der Grund, warum Schriften immer scharf bleiben, egal, wie groß Sie die Schriftgröße wählen.

Zusammenfassend sind Rastergrafiken vergleichbar mit traditionellen Bildern und machen den Großteil aller digitalen Grafiken aus. Vektorgrafiken hingegen sind nützlich für simple Zeichnungen und Logos, die man weiter verarbeiten möchte, ohne sich auf eine bestimmte Auflösung festzulegen.

BILDQUALITÄT UND AUFLÖSUNG

Die Auflösung beschreibt im Allgemeinen die Größe einer digitalen Grafik. Es ist schwer, die richtige Auflösung für eine Grafik zu wählen, ohne zu wissen, was all die Zahlen genau bedeuten und wie diese sich auf das Resultat auswirken. Da das Wählen der Auflösung meist der allererste Schritt bei der Erstellung eines Bilddokuments ist, stellt es auch eine der größeren Einstiegsbarrieren dar. Glücklicherweise ist das absolut nicht weiter kompliziert.

Auflösung besteht aus drei Faktoren. Die Anzahl der Pixel, also Bildpunkte, die physikalische Größe, meist in Zentimeter, und deren Verhältnis, Pixel pro Zentimeter. Weitere Einheiten sind DPI oder PPI (dots per inch oder pixels per inch. „dots" sind Punkte, im

Fall von Grafiken einfach Pixel, „inch" sind amerikanische Zoll).

DPI und physikalische Maßeinheiten sind nur für Druck und unterschiedlich große Displays wichtig, können aber ansonsten ignoriert werden. Die Anzahl der Pixel bestimmt die Schärfe und Größe der Rastergrafik.

Entweder bestimmen Sie explizit die Anzahl der gewünschten Pixel der Seitenlängen oder aber Sie stellen die gewünschte physikalische Größe ein und lassen sich die Anzahl der Pixel automatisch berechnen. Konkreteres dazu finden Sie im nächsten Kapitel unter „Erstellung eines Bilddokuments".

Vektorgrafiken, wie bereits erwähnt, haben keine bestimmte Auflösung, sondern sind eine Berechnung aus Pfad- und Formobjekten und Ähnlichem.

Mit diesem Grundlagenwissen sind Sie bereit, digital Grafiken zu erstellen.

SEBASTIAN ENGELMANN

Erste Schritte zur digitalen Bildbearbeitung

WAHL DES PASSENDEN PROGRAMMS

Sie finden Bildbearbeitungsprogramme wie Sand am Meer. Benutzen Sie Windows, so ist Microsoft Paint bereits vorinstalliert – es ist ein simples Programm und relativ ungeeignet für seriöses Arbeiten. Natürlich gibt es einige talentierte Individuen, die trotz der starken Limitationen von Microsoft Paint gute Resultate damit erreichen. Es ist aber wesentlich aufwendiger und nicht lohnend, da so viele exzellente Alternativen existieren.

Adobe Photoshop, als eines der ältesten und bekanntesten Bildbearbeitungsprogramme, kann so gut wie alles – aber es ist nicht unbedingt die erste Wahl für Ihren speziellen Anwendungsfall. Vom Preis abgesehen, gibt es eine Vielzahl an Programmen, die für bestimmte Arbeitsweisen geeigneter sind. Nachfolgend finden Sie einige Empfehlungen, die Sie verwenden können.

Das freie Programm Krita eignet sich gut, um digital Gemälde aller Art zu erstellen und zu bearbeiten. Es ist in der Hinsicht sehr ähnlich zu Photoshop, auch im Hinblick auf die Benutzungsweise. Im Schlussteil werde ich die Arbeitsweise mit Krita demonstrieren.

Inkscape ist ein ebenfalls freies Programm zur Erstellung von Vektorgrafiken. Falls Sie Logos oder symmetrische Symbole, Figuren oder Ähnliches erstellen wollen, übertrifft Inkscape so gut wie alle anderen Bildbearbeitungsprogramme. Adobe Illustrator ist eine weitere weitverbreitete Option zur Arbeit mit Vektorgrafiken.

GIMP ist ein freies Programm speziell zur Bearbeitung von existierenden Bildern. Wollen Sie Fotos farblich korrigieren oder eine Collage erstellen? GIMP ist ein mächtiges Werkzeug, wenn auch nicht unbedingt intuitiv zu benutzen.

Es gibt eine Vielzahl weiterer Programme und Apps, selbst für Smartphones und Tablets. Erkunden Sie einfach ein wenig. Die grundlegenden Werkzeuge, die Sie benötigen, um Ihre Ideen zu verwirklichen, sind fast immer vorhanden.

Falls Sie Ihre Grafiken kommerziell verwenden, beachten Sie unbedingt die Lizenzbedingungen der jeweiligen Software. Mit Ausnahme von Adobe Software sind alle hier explizit genannten Programme komplett frei und limitieren Sie nicht in Bezug auf die kommerzielle Verwendung Ihrer Arbeit.

EINGABEWERKZEUGE

Die meisten Künstler, die digital zeichnen, benutzen ein Zeichentablett anstatt einer Maus. Diese gibt es schon sehr günstig, ab ca. 40 Euro, für qualitativ hochwertige mit simpler Funktionalität. Sie erleichtern das digitale Zeichnen sehr. Anstatt der Maus wird ein Stift („Stylus") über ein Tablett gezogen, was traditionellem Stift und Papier näher ist. Es wird keine Tinte oder Ähnliches benutzt, die Linien erscheinen direkt auf dem Monitor. Solange Ihr Programm und Tablett es unterstützen, können damit auch verschiedene Linienstärken beim Zeichnen und Malen erzielt werden.

Wacoms und XP-Pens-Produkte sind qualitativ empfehlenswert.

Teurere Modelle haben einen eigenen Bildschirm eingebaut, besitzen eventuell eine Touchscreen-Funktion oder haben zusätzliche Tasten, um schneller bestimmte Funktionen, wie „Rückgängig" oder das Wechseln zwischen Werkzeugen, auszuführen. Ein iPad oder ähnliche alleinstehende Tablets und sogar manche Smartphones mit ähnlicher Funktionalität können ebenfalls zum Malen verwendet werden. Es gibt auch Laptops mit eingebautem Stylus und Touchscreen, die all diese Funktionalität in einem Paket vereinigen.

Bevor Sie von den ganzen Angeboten verlockt werden, ein Wort der Warnung: Geben Sie nicht zu viel Geld für Eingabewerkzeuge aus. Nicht nur wird das sehr schnell sehr teuer, der Nutzen hängt auch komplett von Ihrer Fähigkeit digital zu arbeiten ab. Testen Sie unbedingt intensiv, welchen realen Nutzen ein solches Gerät für Sie bringt, bevor Sie potenziell Tausende von Euro ausgeben. Es gibt viele talentierte Künstler, die rein mit Maus oder selbst mit dem Finger auf dem Smartphone herausragende digitale Kunstwerke erschaffen. Auf der anderen Seite gibt es wesentlich mehr Leute, die Künstler werden wollten und viel Geld in Ausrüstung investiert haben, ohne diese letztendlich überhaupt zu nutzen.

ERSTELLUNG EINES BILDDOKUMENTS

Sie haben ein Bildbearbeitungsprogramm installiert. Öffnen Sie dieses zunächst. Finden Sie den Menüpunkt, um ein neues Dokument zu erstellen, falls nicht automatisch eines erstellt wurde.

Der erste Schritt bei der Dokumentenerstellung ist nun fast immer die Wahl der Auflösung. Wie bereits erwähnt, kann dies einschüchternd sein, deshalb hier eine kurze Anleitung.

Wird Ihre Grafik gedruckt? Schätzen Sie, wie groß die Grafik physikalisch sein soll und tragen Sie diese Zahl bei Dokumentgröße ein. Es kommt nicht auf die genaue Größe an, nur auf die ungefähren Dimensionen. Wobei Sie allerdings genau sein sollten, ist das Seitenverhältnis. Wie groß die vertikale Seite in Relation zur horizontalen Seite ist, wird das Seitenverhältnis genannt. Dieses hat eine große Auswirkung auf Ihre Arbeitsfläche und lässt sich später auch nicht ohne Weiteres ändern.

Bei der DPI Angabe tragen Sie „300" für detailreiche Fotos oder Bilder ein oder „200" für weniger detaillierte Grafiken. Zu beachten ist, dass diese Reiche an Details eine normale bis kurze Entfernung des Betrachters annimmt. Tragen Sie also nicht 1,5 Meter für die Höhe eines Kinoposters ein, das keine besonderen Details auf 30 cm Entfernung aufweisen soll. Reduzieren Sie stattdessen die physikalische Größe auf DIN-A4 oder Ähnliches und drucken Sie es im Anschluss einfach größer. Einige Testdrucke von Bildern oder Zeichnungen mit verschiedenen Auflösungen und Größeneinstellungen können ein sehr gutes Gefühl für diese Zahlen vermitteln.

Größere Werte bei der DPI Angabe sind kein Schaden – vor allem, wenn Sie Ihre finale Grafik verkleinert exportieren wollen. Dies ist eine Technik, die dabei hilft, kleine Ungenauigkeiten „verschwinden" zu lassen. Arbeiten Sie sehr detailgetreu, kann dies unter Umständen aber ein Problem sein, denn winzige Details gehen beim Verkleinern verloren.

Falls Ihre Grafik weder gedruckt noch auf physikalisch sehr unterschiedlich großen Displays angezeigt werden soll, wie z. B. eine auf dem Computer erstellte Grafik auf einem Smartphone, kann Ihnen DPI und physikalische Größe komplett egal sein und Sie können rein mit Pixelwerten arbeiten. Die eigene Monitorauflösung bzw. doppelt so große Seitenlängen, um diese später zu verkleinern, sind ein guter Anfangswert für große Bilder (z. B. Hintergrundbilder). Soll Ihre Grafik nur einen Teil des Monitors einnehmen, so reduzieren Sie die entsprechende Seitenlänge auf den gewünschten Bruchteil. Achten Sie hier auch auf das Seitenverhältnis, denn das bestimmt die Proportionen Ihrer Grafik.

Die meisten Programme kommen mit sensiblen Vorlagen. Eine von diesen zu wählen und sehen, wie deren Werte genau sind, kann Ihnen ein besseres Gefühl für die richtigen Zahlen vermitteln.

Es ist zu erwähnen, dass die Auflösung sich später ändern lässt. Vor allem DPI und physikalische Größe sind Theoriewerte, die nur für die weitere Verwendung von Bedeutung sind. Pixel hingegen bestimmen die wahre Größe Ihrer Grafik. Die Anzahl der Pixel zu verringern, geht hier meist ohne größere Probleme, nicht aber diese zu erhöhen. Ihr Bild wird unter Umständen verzerrt, unscharf oder bekommt einen weißen Rand angehängt. Größere Seitenwerte in Pixel sind also fast immer vorzuziehen, solange Ihr Computer genug Leistung hat, mit diesen umzugehen.

Vergrößerungen und Verkleinerungen der Gesamtauflösung haben wesentlich bessere Resultate, wenn diese um einen ganzzahligen Faktor geschehen. Verdoppeln einer Seitenlänge fügt jedes Pixel noch einmal ein. Halbieren einer Seitenlänge führt zwei benachbarte Pixel zusammen und bildet den Mittelwert derer Farben. Vergrößern Sie eine Seitenlänge um etwa 40 Prozent, so muss weniger als ein halbes Pixel nach jedem vorher bestehenden Pixel eingefügt werden. Pixel sind die kleinsten Bausteine einer Rastergrafik, dies ist also nicht direkt möglich. Es werden seltsame Farbkombinationen entstehen und Elemente Ihres Bildes, vor allem kleinere, werden unter Umständen verzerrt oder unscharf. Es gibt bestimmte Algorithmen, die diese Probleme zu minimieren versuchen, allerdings bringt keiner davon perfekte Resultate.

Was ebenfalls zu Verzerrungen führt, ist die Änderung des Seitenverhältnisses. Wenn Sie also eine Seitenlänge verkleinern, sollte die andere Seitenlänge ebenfalls verkleinert werden. Dies passiert standardmäßig meist automatisch, achten Sie auf eine Option „Proportionen beibehalten" oder Ähnliches. Es ist nicht empfohlen, das Seitenverhältnis im Nachhinein zu ändern.

EINRICHTUNG DER ARBEITSFLÄCHE

Sie sollten jetzt ein leeres Dokument vor sich sehen. An den Seiten sollten Leisten mit vielen kleinen Symbolen sichtbar sein. Suchen Sie ein Pinsel- oder Bleistiftsymbol und die Farbauswahl. Schauen Sie sich weiterhin nach dem Ebenen-Menü und dem Rückgängig-Pfeil um. Fehlt etwas, stöbern Sie durch die Menüs oder suchen Sie kurz im Internet, wo diese Funktionen in Ihrem Programm zu finden sind. Sie bilden die Grundlage Ihrer Interaktion mit der Software und werden im folgenden Teil genauer erklärt.

DIE WICHTIGSTEN WERKZEUGE IM ÜBERBLICK

Das simpelste Werkzeug ist der **Pinsel** (engl. „brush"). Er ist vergleichbar mit dem traditionellen Stift, wobei der digitale Pinsel alle möglichen verschiedenen Größen und Arten an traditionellen Stiften und Pinseln und vieles mehr in einem vereinigt. Mit dem Pinsel- und dem Stift-Werkzeug können Sie simple Linien frei Hand malen. Das Stift-Werkzeug ist sehr ähnlich zu dem Pinsel, der einzige Unterschied ist meist die

Schärfe der Linie. Um den Pinsel auf Ihre Vorlieben anzupassen, finden Sie zunächst das Menü, in welchem alle verschiedenen Pinselvorlagen zu sehen sind. In diesem finden Sie eine Vielzahl an Optionen, von normalen Pinseln bis hin zu Mustern und Objekten. Sind Sie nicht zufrieden mit dem Gebotenen, so können Sie weitere Pinselvorlagen installieren und sogar selbst erstellen. Suchen Sie hierzu im Internet. Nach der Auswahl der Pinselvorlage sollten Sie die Größe, also die Linienstärke, des Pinsels anpassen.

Es ist oft schwierig, mit einer Maus oder einem Touchpad glatte, geschmeidige Linien zu malen. Im nächsten Kapitel werden alternative Eingabemethoden geschildert. Oftmals gibt es aber auch Stabilisier- oder Linien-Korrektur-Funktionen, um bessere Linien sehr leicht zu erstellen. Da diese nicht Teil der Grundfunktionen sind und auch keine einheitlichen Namen haben, verweise ich wieder auf eine Internet-Suche, um herauszufinden, ob Ihr Programm diese Funktion beinhaltet.

Die **Farbauswahl** ist selbsterklärend. Es gibt meist zwei aktive Farben – eine Vordergrund- und eine Hintergrundfarbe. Die Vordergrundfarbe wird für fast alles verwendet, von Pinselstrichen zu Rechteck-Rahmen – die Hintergrundfarbe nur in seltenen Fällen, zum Beispiel unter Umständen für den Radiergummi. Zwischen den beiden lässt sich schnell und einfach wechseln, was die Arbeit angenehmer und effizienter machen kann.

Oftmals lässt sich eine komplette Farbpalette definieren, was die Farbauswahl und den Wechsel zwischen Farben während der Arbeit weiter erleichtert. Wenn Sie auf Papier mit Farben arbeiten, haben Sie meist auch nur 3 bis 20 Farben und eventuell deren Mischfarben, während die Farbauswahl ohne Einschränkung über 16 Millionen zur Verfügung stellt. Die komplette Farbauswahl ist also etwas, das Sie meist nur zu Beginn oder vor der Einfärbephase Ihrer Arbeit überhaupt benutzen sollten. Während der aktiven Arbeit ist eine klar definierte Farbpalette nützlicher.

Die **Rückgängig**-Funktion (engl. „undo") ist eine der mächtigsten und zugleich simpelsten Funktionen. Ziemlich egal, was man eben getan hat, man kann es sofort rückgängig machen. Falsche Linien, Farbkleckse oder Ähnliches sind damit komplett irrelevant. Darüber hinaus liegt jedoch der wahre Vorteil der Rückgängig-Funktion in der kompletten Freiheit, Dinge auszuprobieren. Sie können alles Mögliche testen, ohne unter nervigen oder gar destruktiven Konsequenzen zu leiden, wie dies der Fall beim traditionellen

Arbeiten ist. Es gibt meist ebenfalls eine Wiederhol-Funktion, mit der man eine eben getätigte Rückgängig-Aktion wiederholen kann. Dies funktioniert allerdings nur, wenn keine anderen Aktionen seitdem ausgeführt wurden. Es wird aus Speichergründen nur eine bestimmte Anzahl vergangener Arbeitsschritte gespeichert, die sich rückgängig machen lassen. Meistens ist diese Anzahl in den Einstellungen des Programms konfigurierbar.

Dies ist auch eine gute Stelle, um **Tastenkürzel** zu erwähnen. Die meisten Funktionen innerhalb eines Programms sind ebenfalls über die Tastatur verfügbar, was mit etwas Übung viel Zeit spart. Auch, wenn Sie ansonsten keine Tastenkürzel verwenden, sollten Sie zumindest die Abkürzung für die Rückgängig-Funktion kennen, da Sie diese wahrscheinlich sehr viel verwenden werden. Möchten Sie Tastenkürzel verwenden, fangen Sie nicht an und lernen Sie eine Liste aller Kürzel auswendig oder Ähnliches. Arbeiten Sie ohne Kürzel und wenn Sie merken, dass Sie eine Funktion vermehrt verwenden, so schauen Sie das Kürzel für diese nach und integrieren Sie es schrittweise in Ihren Arbeitsablauf. So lernen Sie effektiv alle Kürzel, die für Sie persönlich wichtig sind.

EBENEN VERSTEHEN

Ebenen sind eine ähnlich mächtige Funktion. Sie können sich Ebenen wie einen Stapel an transparenten Folien vorstellen. Ebenen erlauben die Trennung einer Grafik in einzelne Objekte, die sich separat bearbeiten und ohne Aufwand zu einem Ganzen zusammenführen lassen. Die Anordnung in einem Stapel bedeutet, dass alles, was auf einer höheren Ebene existiert, im Vordergrund sichtbar ist. Dieser Stapel lässt sich jederzeit beliebig neu anordnen.

Färben Sie die oberste Ebene komplett blau ein, so ist alles andere darunter beziehungsweise dahinter nicht mehr sichtbar, so als hätten Sie ein blaues Blatt Papier über Ihre Grafik gelegt. Wäre dieses blaue Blatt Papier allerdings halbdurchsichtig, erscheint es, als wäre alles Dahinterliegende leicht blau eingefärbt. Einen fast genau gleichen Effekt erzielt man, indem man die niedrigste Ebene blau einfärbt und alle anderen Ebenen darüber halbdurchsichtig macht.

Ebenen sind der wahrscheinlich größte Vorteil am digitalen Arbeiten. So kann man zum Beispiel eine grobe Skizze machen und diese auf einer höheren Ebene sauber nachzeichnen. Die Skizze lässt sich danach ohne Probleme und Überreste unsichtbar machen. Das Einfärben der Zeichnung kann auf einer separaten niedrigeren Ebene passieren, womit die Linien der Zeichnung immer vorn bleiben, was einen sehr sauberen Kontrast erschafft. Dies ist zwar alles auch traditionell möglich, aber mit viel mehr Aufwand verbunden.

Einige Werkzeuge erstellen Vektoren, anstatt Pixel direkt einzufärben. Geometrische Formen und ein Vektorenzeichner (meist als Füllfederhalterspitze dargestellt) sind oft Vektorenwerkzeuge. Vektoren können nicht direkt auf Rasterebenen existieren und erstellen bei Verwendung stattdessen eine eigene Vektorebene. Über die Trennung zwischen Rasterebenen und Vektorebenen brauchen Sie sich keine Gedanken zu machen – es passiert fast komplett automatisch. Vektorebenen können jederzeit gerastert werden, aber nicht andersherum. Vektorebenen lassen sich frei skalieren und verformen, ohne Qualitätsverlust. Wenn Sie also einen Kreis benötigen, aber die Größe nicht perfekt passt, können Sie diesen beliebig vergrößern und verkleinern, ohne ihn neu zeichnen zu müssen. Dieses Beispiel ist schon eher schwierig traditionell zu lösen. Vektoren sind natürlich nicht nur auf Kreise limitiert. Allerhand an Formen und selbst komplett handgemalte Linien können Vektorenpfade sein.

Ein sehr simpler, aber effektiver Effekt ist ein Leuchteffekt. Duplizieren Sie eine Ebene und verwenden Sie einen Unschärfefilter auf der niedriger liegenden Kopie der Ebene. Reduzieren Sie den Transparenzwert etwas und schon sieht es aus, als würde das Objekt leuchten, vorausgesetzt, es liegt auf einem kontrastreichen Hintergrund.

Die Möglichkeiten und Komplexität, die durch Ebenen ermöglicht werden, sind unendlich. Der Hauptnutzen von Ebenen ist allerdings einfach die Trennung von Grafiken in einzelne Bestandteile. Als Beispiel beschreibe ich kurz einen möglichen Aufbau eines simplen digitalen Bildes. Der Hintergrund ist solide auf der untersten Ebene, zum Beispiel Himmel und Boden. Hintergrundobjekte sind auf der nächsten Ebene, Wolken, Berge, Häuser in der Distanz. Die Farbe Ihres Hauptobjekts liegt auf der nächsten Ebene und dessen Außenlinien und Details sind auf der darüber. Die oberste Ebene beinhaltet Vordergrunddetails, zum Beispiel fallende Blätter im Wind oder Regentropfen. Zwischendrin sind eventuell unsichtbare Hilfsebenen, die grobe Skizzen oder Ähnliches beinhalten und nicht auf der finalen Grafik vorhanden sein sollen. Ebenen bieten sehr viel Kontrolle und ermöglichen leichtes Modifizieren von allen Elementen in einem Grafikdokument.

Komplexe digitale Bilder können über einhundert Ebenen haben. Eine gute Organisation ist deshalb wichtig. Geben Sie Ihren Ebenen entsprechende Namen, benutzen Sie Farbmarkierungen und gruppieren Sie relevante Ebenen, soweit möglich. Sparen Sie nicht bei der Nutzung von Ebenen – umso mehr aufgeteilt Ihre Grafik ist, desto leichter ist es, weiter daran zu arbeiten und Änderungen vorzunehmen.

Es ist zu erwähnen, dass nach dem Export in ein gängiges Bildformat Ebenen nicht mehr vorhanden sind. Niemand kann Ihr Bild also zerlegen, so wie Sie das mit Zugriff auf das Originaldokument können, vorausgesetzt, Sie halten das gespeicherte Originaldokument privat.

SEBASTIAN ENGELMANN

Der Workflow beim Arbeiten

AUFBAU DES DOKUMENTS

Der simple Aufbau eines Rastergrafikdokuments besteht aus einer Arbeitsfläche (Canvas), Ebenen (Layers), falls unterstützt, und Bildpunkten (Pixel). Die Größe der Arbeitsfläche ist durch die Auflösung, also die Anzahl an Pixel, bestimmt und ist der Bereich, in dem Sie arbeiten können. Ebenen wurden bereits erklärt. Sie sind entweder genauso groß wie die Arbeitsfläche oder kleiner. Falls eine Ebene kleiner ist, hat sie ebenfalls einen Ankerpunkt, der bestimmt, an welcher Position innerhalb der Arbeitsfläche die Ebene liegt. Dies passiert alles automatisch und dient nur dem Hintergrundwissen. Falls eine Rasterebene über die Arbeitsfläche hinaus vergrößert wird, geht alles, was außerhalb der Arbeitsfläche liegt, verloren. Der Großteil aller Aktionen, die Sie ausführen, findet nur auf der derzeitig aktiven Ebene statt. Beachten Sie also immer, welche Ebene momentan aktiv ist.

Die Bildpunkte bestimmen die Farbe an jedem Punkt der Arbeitsfläche. Wenn Ebenen vorhanden sind, kann es mehrere Pixel mit der gleichen Position im Bild geben. Diese liegen an der gleichen Stelle übereinander. Die weiter unten liegenden Pixel sind dann nur sichtbar, falls die höherliegenden teils transparent sind. Egal, ob sichtbar oder nicht, jede Ebene speichert separat Pixel.

Die meisten Aktionen können linear rückgängig gemacht werden, also nur in der Reihenfolge, wie sie vorher ausgeführt wurden. Dieser Aktionsverlauf geht meist beim Speichern und Neu-Laden verloren. Er ist außerdem in seiner Anzahl an Aktionen limitiert. Das Limit lässt sich oft einstellen und hängt stark von der Größe Ihres Arbeitsspeichers ab.

Wie bereits erwähnt, sind Ebenen im Prinzip ein Stapel transparenter Folien. Sie haben eine strenge Reihenfolge und überdecken andere, die weiter unten liegen. Während sie sich neu anordnen lassen, ist die

Anzeige insgesamt direkt von der aktuellen Reihenfolge abhängig. Sie können also nicht ein Objekt auf seiner eigenen Ebene haben, das teils vor und teils hinter einem Objekt auf einer anderen Ebene liegt. Wollen Sie also ein Element, welches „zwischen" einem anderen liegt, malen, zum Beispiel, wenn Sie perspektivisch arbeiten, so müssen Sie dieses auf zwei Ebenen aufteilen und das neue Element auf einer Ebene zwischen den beiden Einzelteilen einfügen.

Meistens haben Ebenen noch einige weitere Eigenschaften, zum Beispiel einen Mischmodus und eine Transparenzeinstellung. Diese Einstellungen bestimmen, wie die Pixel der Ebene mit den Pixeln der darunter liegenden Ebenen reagieren. Man kann also automatisch Farben verschiedener Ebenen zusammen mischen. Für Details hierzu verweise ich auf das Thema digitale Farbdarstellung bzw. RGB-Farbraum. Wie die einzelnen Farbkanäle digital durch Zahlen dargestellt und mathematisch bearbeitbar sind, ist ein interessantes Thema, welches zum Verständnis von Mischmodi führt. Dieses Wissen ist allerdings nicht nötig, um Mischmodi effektiv zu verwenden.

TRADITIONELLE METHODEN DIGITAL UMSETZEN

Traditionell gibt es viele Hilfsmethoden, die bestimmte Ziele stark vereinfachen. In diesem Kapitel möchte ich einige beschreiben und erklären, wie man diese digital angeht.

Bei physikalischen Zeichnungen ist es nicht ungewöhnlich, mehrere Blätter Papier übereinander zu klammern und von unten zu durchleuchten, zum Beispiel, um grobe Skizzen sauber nachzuzeichnen. Dies erspart viel an Radieraufwand und produziert saubere Zeichnungen. Digital ist dieses Problem perfekt durch **Ebenen** gelöst, welche im Prinzip genau wie ein Stapel Papier funktionieren. Die Rückgängig-Funktion erspart auch ungemein viel Radieraufwand, es gibt aber auch ein **Radiergummi**-Werkzeug. Dieses ist nur ein Pinsel oder Stift, welches mit der Hintergrundfarbe malt oder alle Farben auf der aktiven Ebene löscht (transparent macht), je nach Konfiguration.

Eine weitere, bisher nicht erwähnte Funktion, sind Ebenen-Masken. Beim Bemalen von bestimmten Flächen benutzt man oft **Maskierungen**. Diese verdecken Flächen, welche nicht bemalt werden sollen, und ersparen so langwieriges langsames Einfärben in der

Nähe der Ränder. Dies spart viel an Konzentration und reduziert das Risiko auf Fehler. Digital sind Fehler kein Problem, aber Konzentration und Aufwand einzusparen, ist dennoch erstrebenswert. Ebenen-Masken sind genau das: Eine Maske für eine Ebene, welche bestimmt, welcher Teil der Ebene überhaupt sichtbar ist. So können Sie sehr grob einfärben und mithilfe einer Ebenen-Maske die Ränder definieren. Um eine Ebenen-Trennung einzufärben, benutzen Sie das Auswahlwerkzeug. Während eine Auswahl aktiv ist, können Sie nicht über deren Ränder hinaus arbeiten. Dies führt zu einem ähnlichen Resultat und ist eine gute, simple Option, um Flächen zu färben.

Die meisten digitalen Werkzeuge haben bestimmte besondere Verhaltensweisen, die oft durch die STRG-, Umschalt- oder Alttasten auf Ihrer Tastatur aktivierbar sind. Damit können Sie zum Beispiel nur perfekt gerade Linien zeichnen oder alle Linien in einem bestimmten Winkel ausrichten, anstatt traditionell **Lineal und Geodreieck** benutzen zu müssen. Es gibt einige Situationen, in denen Sie eventuell doch ein traditionelles Lineal verwenden möchten – benutzen Sie ein Grafiktablett, so können Sie weiterhin einfach ein Lineal anlegen, um eine gerade Kante zum Arbeiten zu haben.

Die **Import**-Funktion erlaubt es Ihnen, andere Grafiken in Ihr aktuelles Dokument einzufügen. Wenn Sie traditionell Papier übereinanderlegen mussten oder gar ausschneiden und anheften oder kleben, um bestimmte Teilgrafiken zu kombinieren, so ist dies digital kinderleicht. Ob Sie ein Bild aus dem Browser oder einem anderen Programm kopieren oder dieses direkt in Ihr Bildbearbeitungsprogramm hineinziehen, die meisten Programme unterstützen den Import zusätzlicher Grafiken. Falls dies nicht funktioniert, suchen Sie im Dateimenü nach einer Import-Funktion oder öffnen Sie die gewünschte Grafik als eigenes Dokument und kopieren Sie die gewünschte Ebene.

Es gibt zahlreiche hochkreative Wege, traditionell Bilder zu **stilisieren**. Fotofilter, Windeffekte, stark saugfähiges Papier, Verblassungsmethoden und viele weitere können helfen, Ihrer Arbeit einen einzigartigen Stil zu verpassen. Digital gibt es eine weitreichende Anzahl verschiedener **Filter und Effekte**, welche Sie innerhalb einiger weniger Mausklicks erreichen und ohne Aufwand oder Vorbereitung verwenden können. Vor allem in Kombination mit Ebenen lassen sich sehr viele großartige Resultate erzielen. Suchen Sie nach dem Filter-Menü und probieren Sie die verschiedenen Optionen einfach aus.

Oftmals werden **Pinsel** in bestimmter Art und Weise auf das Papier aufgesetzt, damit die Borsten bestimmte Muster erstellen. Weiterhin gibt es Schablonen, Zirkel und vieles mehr. Digitale Pinsel sind sehr vielseitig. So können eigene Grafiken als Pinselspitze verwendet werden, die dann beim Malen automatisch schnell eingefügt werden. Oftmals gibt es standardmäßig einen Pinsel, der zum Beispiel Grashalme malt. Die Geometriewerkzeuge und Pinselvorlagen ersetzen Schablonen und viele andere physikalischen Hilfsmittel.

Konventionelle Werkzeuge, wie Kohle, Sprühdosen, Aquarellfarben und viele mehr lassen sich alle mithilfe der Vielfältigkeit des Pinselwerkzeugs realisieren.

Auch **Rasterfolien** sind digital vorhanden, womit man leicht Flächen mit bestimmten Mustern einfärben kann.

Die Möglichkeiten, Kunst zu erschaffen, waren schon immer unendlich, nur limitiert durch die eigene Kreativität. Digitale Kunst bietet genauso unendlich Möglichkeiten, um sich auszudrücken, und macht die meisten Vorhaben wesentlich realisierbarer. Vieles vom physikalischen Aufwand und anschließendem Aufräumen und Säubern fallen komplett weg.

WIE BEWAHRT MAN DEN ÜBERBLICK?

Sie arbeiten an einem digitalen Kunstwerk. Sie haben siebzehn verschiedene Ebenen mit verschiedenen Formen und Bildelementen. Sie fühlen sich, als ob Sie endlich das digitale Arbeiten begriffen haben und wahren Fortschritt machen. Nach einigen Stunden merken Sie, dass Ihnen ein Teil der Zeichnung nicht gefällt, und Sie wollen diesen korrigieren. Sie klicken durch Ihre Ebenen und versuchen herauszufinden, wo die störende Linie genau liegt. Sie wählen den Radiergummi aus, um diese zu löschen. Zu Ihrem Schrecken werden die Farbe dahinter und einige Details im Vordergrund und überschneidende Linien ebenfalls gelöscht. Wie kann das sein, nachdem Sie so gründlich darauf geachtet haben, neue Ebenen zu erstellen, um alles zu trennen?

In diesem Kapitel möchte ich einige Tipps zur Organisation und zum Überblick im Dokument geben. Es passiert den besten Künstlern, dass aus Versehen eine falsche Ebene aktiv war und, ohne es zu merken, teils Stunden an genauster Arbeit verloren sind, weil Linien und Details auf der falschen Ebene hinzugefügt wurden. Um dies zu vermeiden und im Allgemeinen einen guten Überblick über Ihr Dokument zu behalten, gibt es einige grundsätzliche Richtlinien.

Zur Navigation im Dokument gibt es zwei bis drei Werkzeuge, die lediglich die Ansicht ändern, nicht aber den Inhalt Ihres Dokuments. Diese sind die Zoom- oder Lupenfunktion sowie die „Pan"- (engl.) oder Handfunktion und in manchen Fällen eine Rotationsfunktion. Es ist nicht die Rede von der Rotationsfunktion im Allgemeinen. Diese ist fast immer vorhanden und rotiert die Elemente in Ihrem Dokument. Die Navigationsrotation rotiert Ihre komplette Arbeitsfläche, wie als würden Sie Ihr Blatt Papier drehen. Es hat keinen direkten Einfluss auf das gespeicherte Dokument am Ende, aber kann das Zeichnen von Linien in bestimmten Winkeln stark erleichtern.

Die **Lupenfunktion** ist simpel: Die Arbeitsfläche wird verkleinert oder vergrößert und erlaubt es somit, leichter an Details zu arbeiten oder einen guten Überblick über Ihr gesamtes Dokument zu gewähren. Gewöhnliche Kürzel sind hierfür die Strg-Taste in Kombination mit „+" oder „-" oder alternativ die Strg-Taste in Kombination mit dem Mausrad (2-Finger-Scroll auf einem Laptop-Trackpad).

Die **Pan-Funktion** ist oft benutzbar durch Halten der Leertaste und Klicken und Ziehens des Cursors.

Die Scrollbalken an den Seiten und das Mausrad führen sie ebenso aus. Wie hier sicher offensichtlich geworden ist, ist der Zweck der Pan-Funktion das Verschieben des aktuell sichtbaren Ausschnitts Ihres Dokuments.

Während die Navigation auf der Arbeitsfläche zweidimensional ist, so bilden Ebenen eine effektive dritte Dimension. Um den Überblick über diese zu bewahren, benennen Sie jede neue Ebene, die Sie erstellen. Wenn Sie einen neuen Teil Ihres Projekts in Angriff nehmen, vergewissern Sie sich, dass die korrekte Ebene aktiv ist. Es ist zu beachten, dass Rückgängig-Aktionen die aktive Ebene zurück auf die Ebene, die während der letzten Aktion aktiv war, setzen. Dies ist der wahrscheinlich häufigste Grund für versehentliches Zeichnen auf der falschen Ebene. Das Ebenen-Menü immer sichtbar an der Seite halten und regelmäßig nachschauen, dass alle Ebenen benannt und organisiert sind, minimiert fast alle Risiken für versehentliche Fehler.

Falls Sie aus Versehen eine Taste gedrückt haben, sich aber nicht sicher sind, ob etwas passiert ist oder nicht, betätigen Sie vorsichtshalber die Rückgängig-Funktion. Falls ein Teil Ihrer Arbeit rückgängig gemacht wurde, wissen Sie, dass der versehentliche

Tastendruck keine negativen Folgen hatte und durch die Wiederhol-Funktion stellen Sie Ihre Arbeit ohne Probleme wieder her.

Es gibt einige Werkzeuge, welche Ebenen-übergreifend arbeiten. Dies kann sehr verwirrend sein, wenn man nicht darüber Bescheid weiß. Individuelle Werkzeugeinstellungen sind nicht intuitiv, schon allein wegen der riesigen Anzahl an Optionen und wie diese hinter Menüs versteckt sind. So gut wie jedes Werkzeug hat eine Vielzahl an Konfigurationsparametern, mit denen alle möglichen Resultate erzielt werden können. Wenn ein bestimmtes Werkzeug nicht das tut, was es soll, scheuen Sie sich nicht davor, im Internet oder in der Dokumentation Ihres Programms zu suchen, wie man dieses konfigurieren kann. Das mag zwar belastend erscheinen, allerdings werden Sie erstaunt sein, welche Möglichkeiten und Funktionen Sie dabei entdecken werden. Aus persönlicher Erfahrung muss ich sagen, dass dies auch zu einem enormen Schub an Kreativität und Inspiration führen kann. Neue Möglichkeiten zu entdecken, bildet einen starken Motivationsfaktor beim Erlernen neuer Arbeitsweisen.

Eines der größten Probleme beim Erlernen des digitalen Arbeitens ist Frustration. Wenn das Programm nicht so arbeitet, wie man es gern hätte, und man nicht wirklich versteht, was passiert, und deswegen stundenlang Zeit verschwendet, ohne Fortschritte zu machen, kann einem das Blut in den Kopf steigen. Dies ist nicht produktiv und macht es sehr schwierig, klar zu denken, geschweige denn zu verstehen, wie das Programm funktioniert. Egal, wie Sie sich in solch einer Situation fühlen, Computer sind Maschinen. Sie werden Ihnen keine emotionale Antwort geben. Ich möchte nicht behaupten, dass Programme immer sinnvoll und intuitiv strukturiert sind – ganz im Gegenteil, Software ist oft eher chaotisch und schwer verständlich. Legen Sie eine Pause ein. Ohne einen kühlen Kopf und etwas Geduld ist es unmöglich, produktiv zu arbeiten und zu lernen. Kommen Sie nach einer kurzen Pause wieder und gehen Sie das Problem mit einem frischen Blickwinkel an. Regelmäßige Pausen machen die Arbeitszeit ungemein produktiver.

Auf der praktischeren Seite: schlagen Sie Ihr Problem unbedingt auch im Internet nach. Sie sind selten allein, wenn Sie ein spezielles Problem entdecken.

SEBASTIAN ENGELMANN

Fertigstellen eines Grafikdokuments

ZUSAMMENHANG VON BILDFORMATEN UND DEREN VERWENDUNGSZWECK

Je nachdem, wie Sie Ihre Grafik verwenden wollen, müssen Sie darauf achten, in welchem Format Sie diese abspeichern. Am wichtigsten sind die Dateigröße, also wie viel Speicherplatz benötigt wird, und die Auflösung. Transparenz spielt ebenfalls eine Rolle, denn Rastergrafiken sind immer rechteckig. Wenn Sie eine besondere Form für z. B. einen Aufkleber oder ein Logo benötigen, muss der Hintergrund transparent gespeichert werden.

Sie sollten Ihr Dokument immer im „nativen" Format abspeichern, also im Programm-eigenen. Dies speichert den größtmöglichen Teil Ihrer Arbeitsschritte und erlaubt es, beim nächsten Mal einfach weiterzuarbeiten. Dokumente in diesem Format sollten Sie allerdings nicht weitergeben, außer, es handelt es sich um Teamarbeit. Es ist kein Format zum Betrachten der Grafik, sondern ein Format zum Bearbeiten.

Um Ihre Grafik fertigzustellen, exportieren Sie diese. Exportieren ist komplett gleich zum Abspeichern, nur wird ein anderes Format benutzt. Manche Programme haben eine explizite Trennung von Speichern und Exportieren innerhalb des Menüs, weshalb ich es hier erwähne.

Soll Ihre Grafik im Internet gezeigt, also in Webseiten eingebunden werden, so ist eine geringe Dateigröße gefragt. Reduzieren Sie unter Umständen die Auflösung auf einen Wert, der noch gut und scharf aussieht und exportieren Sie Ihr Dokument als .png. PNG-Dateien speichern Transparenz, weshalb sie sehr geeignet für Webseiten sind. Sie unterstützen ebenfalls Komprimierung, was ohne sichtbaren Qualitätsverlust die Dateigröße weiter reduziert. Dateigröße ist wichtig bei Webseiten, da dies die Ladegeschwindigkeit der Webseite direkt beeinflusst.

Sie sehen eventuell ab und zu noch .jpg-Bilder. JPEG-Grafiken sind verlustbehaftet, das heißt, sie sind komprimiert mit einem sichtbaren Qualitätsverlust. Um ein Beispiel zu sehen, suchen Sie im Internet nach JPG-Artefakten. Dies sollte überzeugend genug sein, um Sie davon abzuhalten, Ihr Dokument als .jpg-Datei zu exportieren.

Wird Ihr Dokument gedruckt, so kennen Sie bestimmt das Portable Document Format, PDF. Dies wird oft für Dokumente verwendet, die gedruckt werden sollen, aber nicht unbedingt für Bilder. Für Bilder speziell gibt es das TIFF-Format. Es nimmt viel Speicherplatz, aber ist verlustlos und unterstützt CMYK, einen Farbraum, der für die Präsentation außerhalb von Bildschirmen wichtig ist. Ganz kurz erklärt werden Farben durch eine additive Mischung von 3 Lichtkanälen, **r**ot, **g**rün und **b**lau von Bildschirmen dargestellt. Jeder Pixel besteht aus diesen drei farbigen Lämpchen. Ein gedrucktes Blatt Papier hat keine Lämpchen, sondern wird angeleuchtet. Bestimmte Teile des Lichts, welches das Papier anleuchtet, werden absorbiert, andere Teile werden reflektiert. Da dies der exakt entgegengesetzte Effekt von selbst leuchtenden Displays ist, so ist auch der Farbraum das exakte Gegenteil. Farben werden so durch subtraktive Mischung erzeugt und die

Grundfarben hierbei sind **C**yan, **M**agenta und Gelb (**Y**ellow). Für den Druck ist ebenfalls Schwarz (Blac**k**) von Bedeutung, da durch schwarze Tinte effizienter gedruckt wird.

Es ist zu erwähnen, dass Farben nach dem Druck und selbst auf zwei verschiedenen Displays fast nie gleich aussehen. Displays farbakkurat zu kalibrieren, ist eine sehr kostspielige Angelegenheit, für die professionelle Künstler tausende an Euro ausgeben. Um Ihr Display immerhin realitätsgetreu zu kalibrieren, suchen Sie Ihr spezielles Modell im Internet und mit etwas Glück finden Sie passende Konfigurationswerte.

Kurzgefasst: Exportieren Sie Ihr Dokument also entweder als PNG für digitale Verwendung oder als TIFF für Drucke. Soll Ihre Grafik als Teil eines größeren PDF-Dokuments gedruckt werden, so exportieren Sie es als PNG und binden Sie es in das PDF-Dokument ein. PDF-Dokumente unterstützen ebenfalls den CMYK-Farbraum.

ABSPEICHERN DES DOKUMENTS

Anschließend möchte ich noch einige Worte über die sinnvolle Verwaltung von Dokumenten verlieren. Ihr Dateibrowser ermöglicht es, Ordnerinhalte nach Änderungsdatum zu sortieren. Sie sollten dennoch Ihre Dokumente mit relevanten, erklärenden Namen abspeichern, selbst wenn diese etwas länger ausfallen. Sparen Sie auch nicht daran, Ordner zu erstellen, um organisierter zu bleiben. Es ist sehr leicht, den Überblick zu verlieren, wenn man Dateien überall verstreut abspeichert. Legen Sie also einen Ordner für alle Ihre Grafikdokumente an und speichern Sie jene immer dort. Exportierte Bilder müssen nicht unbedingt aufgehoben werden. Sie können Ihr Dokument jederzeit erneut exportieren. Speichern Sie Exporte in einem zusätzlichen Ordner. Diesen können Sie regelmäßig löschen, ohne sich über das Original Sorgen machen zu müssen. Genau, wie bei Ebenen innerhalb eines Dokuments sollten Sie auch außerhalb bei der Verwendung Ihres Computers organisiert bleiben. Jede Datei an ihren richtigen Platz zu legen und einen aussagekräftigen Namen zu verleihen, wird Ihnen sehr viel Zeit und Kopfschmerzen ersparen.

Konkretes Anwendungs- beispiel in Krita

ERSTELLUNG DES DOKUMENTS

Zum Abschluss beschreibe ich Ihnen hier Schritt für Schritt die Erstellung eines simplen digitalen Bilds mit dem lizenzfreien Programm Krita. Ich zeige dabei verschiedene Werkzeuge und deren Konfiguration. Alle verwendeten Funktionen sind auch in ähnlichen Programmen, wie Adobe Photoshop, verfügbar.

Ich beginne damit, Krita zu öffnen. In der oberen Menüleiste finden Sie einen Punkt „Einstellungen". In diesem finden Sie direkt die Option, die Sprache des

Programms zu ändern, falls nötig. In der Übersicht in der Mitte des Bildschirms sind einige Links zu finden, die Sie zu hilfreichen Webseiten führen, wie zum Beispiel die Anleitung des Programms. Auf der linken Seite finden Sie die Option, neue Dateien zu erstellen oder bestehende zu öffnen. Ich wähle „neue Datei".

Es öffnet sich ein Fenster, in dem sich Einstellungen zur Auflösung finden lassen. In der Liste der Vorlagen wähle ich „A4 (300 ppi)" aus. Rechts davon finden Sie Symbole für Quer- und Hochformat. Ich wähle Querformat. Sie sehen, wie die Pixelangaben bei Breite und Höhe sich tauschen. Kümmern Sie sich nicht weiter um die folgenden Einstellungen unter Farbe. Klicken Sie stattdessen auf den Tab „Inhalt" oben. Hier lässt sich der Name des Dokuments, die Anzahl der Ebenen sowie die Hintergrundfarbe anpassen. All diese Einstellungen lassen sich später ändern. Ich nenne mein Dokument „Beispiel Ratgeber Digitale Kunst". Die Ebenen-Anzahl lasse ich auf 2 stehen und die Hintergrundfarbe bleibt vorerst auch weiß. Der Hintergrund bleibt eine Rasterebene. Die Beschreibung lasse ich frei.

Haben Sie alles richtig gemacht, sollten Sie eine weiße Fläche sehen. Ist etwas schiefgelaufen, finden Sie in der Menüleiste ganz links unter „Datei" die

Option, das derzeitige Dokument zu schließen sowie ein neues zu erstellen. Mithilfe des Mausrads können Sie herauszoomen. Benutzen Sie einen Laptop, entspricht eine 2-Finger-Geste dem Drehen des Mausrads. Die weiße Fläche auf grauem Hintergrund sollte Sie nun an eine DIN-A4-Seite im Querformat erinnern.

Auf der rechten Seite finden Sie oben die Farbauswahl, in der Mitte das Ebenen-Menü und unten die Pinselauswahl. Wählen Sie im Ebenen-Menü die Hintergrund-Ebene aus. Die aktive Ebene ist die, die blau hervorgehoben ist. Sie sehen ein kleines Schloss-Symbol neben jeder Ebene. Dies ist bei der Hintergrund-Ebene verschlossen. Ein verschlossenes Schloss verhindert das Bearbeiten der jeweiligen Ebene und lässt sich durch einen Mausklick öffnen.

Wählen Sie jetzt das Füllwerkzeug. Es sieht aus wie ein leicht gekippter Eimer Farbe und ist links in der Symbolleiste, ungefähr in der unteren Mitte, zu finden. Durch Drücken der Taste „F" lässt dieses sich ebenfalls auswählen. Wählen Sie ein helles Blau im Farbkreis oben rechts und klicken Sie dann auf die weiße Fläche. Diese sollte nun blau sein.

Als Nächstes wähle ich das Rechteck-Auswahl-Werkzeug aus. Dieses sieht aus wie ein aus gestrichelten Linien gezeichnetes Quadrat und befindet sich leicht unterhalb des Füllwerkzeugs in der Symbolleiste. Durch Drücken und Ziehen der linken Maustaste wird ein Bereich ausgewählt. Dies hat die Auswirkung, dass alle folgenden Aktionen nur innerhalb des gewählten Bereichs funktionieren. Ich wähle ungefähr die untere Hälfte des blauen Hintergrunds aus. Nun wechsle ich erneut zum Füllwerkzeug, wähle einen saftigen Grünton aus und färbe die Auswahl ein.

Nun sehen Sie einen zweifarbigen Hintergrund vor sich und wir sind fast bereit, mit dem Malen zu beginnen.

Ich erwähnte das Definieren einer Farbpalette, bevor man mit dem Arbeiten beginnt. Rechts neben dem Farbkreis zeigt Krita Ihnen alle Ihre zuletzt verwendeten Farben. Es wird also automatisch eine Farbpalette definiert, während Sie arbeiten. So haben Sie jederzeit Zugriff auf Ihre bereits verwendeten Farben.

Um jederzeit eine Aktion rückgängig zu machen, finden Sie oben unterhalb der Menüleiste zwei halbrunde Pfeile – das Anklicken dieser führt „Rückgängig" oder „Wiederholen" aus. Benutzen Sie diese jederzeit. Die Tastenkürzel in Krita sind STRG + Z, beziehungsweise STRG + Umschalt + Z.

Zu guter Letzt heben Sie die Auswahl wieder auf. Klicken Sie hierzu in der Menüleiste auf „Auswahl".

Die Funktion, um die Auswahl aufzuheben, ist gleich die zweite in der Liste. Sie sehen ebenso das Tastenkürzel für diese.

MALEN DES HAUPTOBJEKTS

Das Hauptobjekt male ich auf einer neuen Ebene. Ich wähle Ebene 1 aus. Um eine neue Ebene zu erstellen, klicken Sie das kleine Plus-Symbol in der linken unteren Ecke des Ebenen-Menüs.

Eine Besonderheit an Krita ist, dass die meisten Zeichenwerkzeuge die derzeit gewählte Pinselspitze benutzen. Ich wähle deshalb das Linienwerkzeug aus sowie die Farbe Schwarz und bei Pinseln unter dem Menü „Digital" den Pinsel „b) Basic-1". Oben in der Mitte sehen Sie zwei Balken – einen für die Deckkraft, einen für die Linienstärke. Ich stelle die Linienstärke auf ungefähr 10 px und die Deckkraft auf 100 %.

Mithilfe des Linienwerkzeugs zeichne ich nun grob den Umriss eines Hauses in der rechten Mitte der Arbeitsfläche. Durch Drücken der Umschalt-Taste während des Ziehens einer Linie, können Sie diese an geraden Winkeln ausrichten. Sie könnten jetzt viel Zeit damit verbringen, den Umriss des Hauses schön und sauber zu zeichnen. Es handelt sich aber nur um grobe

Richtlinien, die wir übermalen werden. Fügen Sie noch einige Linien für eventuelle Details, wie Tür und Fenster hinzu. Ich zeichne ebenfalls eine Straße. Normalerweise, vor allem für organischere Objekte, würde man das Freihand-Pinsel-Werkzeug verwenden. Da ich allerdings aus Demonstrationszwecken ausschließlich mit der Maus arbeiten werde, ist das Linienwerkzeug angemessener. Ich empfehle es unbedingt, ein Zeichentablett zu verwenden. Schon allein die Kontrolle über Deckkraft und Linienstärke, ohne jedes Mal die Werte ändern zu müssen, ist eine komplett andere Erfahrung.

Konventionell gesehen war dies der Bleistiftteil, um die groben Proportionen der Bildelemente festzulegen, bevor man die Wasserfarben herausholt. Um nun mit dem Malen zu beginnen, erstelle ich zuallererst eine neue Ebene. Diese wird bereits automatisch ausgewählt, wie im Ebenen-Menü zu sehen ist. Mein Ziel ist ein Wasserfarben-Gemälde ohne starke Linien, weshalb ich sofort zu einem Wasserfarben-Pinsel greife. Diese sind unter dem „Paint" Menü in der Pinselauswahl unten rechts zu finden.

Um die Arbeit später etwas zu erleichtern, wähle ich das Polygon-Auswahl-Werkzeug aus und ziehe den Umriss des Hauses nach. Mit der Auswahl des

Hausumrisses ist es einfach, das Haus einzufärben, ohne darüber hinaus zu malen. Die Alternative ist, die Außenlinien später nachzubessern. Mit der Löschtaste können Sie alles innerhalb einer Auswahl mit der Hintergrundfarbe ersetzen, während die Entfernentaste alle Pixel löscht. Ich wähle einen hellen Grauton und fülle die Fläche des Hauses mithilfe des Füllwerkzeugs. Anschließend wähle ich das Freihand-Pinsel-Werkzeug und setze dessen Größe auf circa 60 px. Ich wähle Weiß als Farbe aus und beginne, die graue Fläche zu übermalen. Dies gibt der Hauswand die Textur der Pinselvorlage. Sie merken bestimmt die grauen Flecken, die stellenweise durchscheinen. Hätten wir die Auswahl zuvor nicht grau gefärbt, so wären diese Flecken grün oder blau. Das Haus wäre nicht besonders glaubhaft. Experimentieren Sie mit einigen Pinseln und, falls Sie kein Zeichentablett benutzen, mit der Deckkraft, um verschiedene Helligkeiten und Texturen für Ihre Hauswand zu produzieren.

Für das Dach wähle ich ein dunkles Rot und erstelle eine neue Ebene. Dies macht es leichter, anschließende Korrekturen vorzunehmen. Um die Details, wie Fenster, zu malen, erstelle ich erneut eine neue Ebene und nenne diese „Details Haus". Ich benenne auch die anderen Ebenen als „Skizze", die Grundfarbe der

Hauswand „Haus" und das Dach „Dach". Um Ebenen zu benennen, klicken Sie einfach doppelt auf den Namen der jeweiligen Ebene.

Um die Details des Hauses zu malen, wähle ich ein Dunkelblau und reduziere die Pinselgröße auf 20 px. Nun wähle ich die Ebene „Haus" aus und verringere dessen Deckkraft mithilfe des Balkens im oberen Teil des Ebenen-Menüs auf ungefähr 80 Prozent. Nun wähle ich die Ebene „Details Haus" erneut aus und male die Details. Sollten Ihre Details mehrere Ebenen benötigen, zum Beispiel etwa für Fensterrahmen, so scheuen Sie sich nicht, weitere Ebenen zu erstellen. Durch Rechtsklick auf eine Ebene öffnet sich ein Menü. Durch die Option „mit Ebene darunter kombinieren" lassen sich mehrere Ebenen wieder auf eine reduzieren. Natürlich können Sie auch alle Ebenen einzeln lassen.

Ein großer Vorteil, einzelne Details auf mehreren Ebenen geteilt zu haben, besteht darin, diese einfach verschieben zu können. Die Verschiebe-Funktion erlaubt sehr leichte Korrekturen, wenn man etwas leicht am falschen Platz gemalt hat. In Krita ist diese durch ein kleines Kreuz mit Pfeilspitzen circa in der Mitte der Symbolleiste erreichbar. In anderen Programmen wird sie häufig durch einen Cursor symbolisiert.

Zur Navigation benutze ich hauptsächlich das Mausrad, allerdings lässt sich durch Halten der Leertaste die sichtbare Arbeitsfläche direkt verschieben. Im Rechtsklickmenü lassen sich auch schnell die Farbe und der Pinsel wechseln. Weiterhin finden Sie Möglichkeiten, Ihr Dokument zu spiegeln, zu drehen und zu zoomen, falls Sie nur die Maus benutzen möchten, anstatt zur Tastatur zur greifen.

Abschließend stelle ich die Deckkraft der Ebene „Haus" zurück auf 100 % und blende die Ebene „Skizze" mit dem Augensymbol links im Ebenen-Menü aus. Sie sollten nun eine simple Malerei eines Hauses auf einer Wiese vor sich sehen. Sie merken bestimmt, dass einige Kanten sehr scharf sind. Dies lag an dem ausgewählten Bereich. Sie können diese vorerst einfach nachmalen. Ich gehe aber später noch einmal darauf ein.

HINZUFÜGEN WEITERER DETAILS

Ich erstelle eine neue Ebene und nenne diese „Wolken". Mithilfe des Wasserfarben-Pinsels mit ca. 40 px und einer Deckkraft von 60 % male ich langsam weiße Wolken in den Himmel. Anschließend erstelle ich eine weitere Ebene „Sonne" und male einen gelben runden

Fleck in die obere linke Ecke. Ich füge weitere Ebenen „Gras", „Straße" und „Büsche" hinzu.

Für die Straße aktiviere ich zunächst die Hintergrund-Ebene und wähle den Boden mithilfe der Zauberstab-Auswahl aus. Das Zauberstab-Auswahl-Werkzeug versucht automatisch, die Außengrenzen einer Fläche zu ermitteln. Für eindeutige Flächen, wie unser Hintergrund es ist, funktioniert dies ohne Probleme.

Diese Auswahl stellt sicher, dass die Straße nicht in den Himmel hineingemalt wird. Im Menü Auswahl in der Menüleiste oben finden Sie einen Punkt „Feder-Auswahl". Dieser fragt Sie nach einer Pixelangabe. 5 px sind in Ordnung, ich klicke O.K. Es sieht so aus, als wäre die Auswahl einfach nur etwas vergrößert worden. Was allerdings wirklich geschah, merken Sie beim Malen an der Kante. Mit einem Grauton male ich grob eine Straße. Diese verblasst in den Himmel hinein. Um den Effekt deutlich zu sehen, zoomen Sie sehr nah an die Kante heran. Die Feder-Auswahl wählt die Kantenpixel nur mit einem bestimmten Prozentanteil an Deckkraft aus. Diese werden somit nicht zu 100 % eingefärbt. In diesem Fall hilft dies, damit die Kante zwischen Straße beziehungsweise Wiese und Himmel nicht ganz so hart ist. Es gibt andere Methoden, weiche

Kanten zu produzieren, aber dies ist die leichteste für gerade Kanten.

Ich male die Straße über das Haus hinaus und verschiebe die Straßenebene anschließend nach unten in der Liste. Durch Klicken und Gedrückt-Halten lässt sich die Reihenfolge von Ebenen im Menü ändern. So verschwindet die Straße hinter dem Haus und ich muss mich nicht um Farbübergänge kümmern. Mit realen Wasserfarben würden Sie ein Stück Zeitung oder Ähnliches verwenden, um einen solch klaren Farbübergang zu schaffen.

VERWENDUNG BESONDERER PINSELVORLAGEN

Unter Texturen bei der Pinselauswahl finden Sie die Vorlage „z) Stamp_Grass". Diese erlaubt sehr einfaches Malen von Grashalmen. Ich dekoriere hiermit auf der Ebene „Gras" die unteren Kanten des Hauses, damit diese nicht so hart bleiben. Ich füge ebenfalls einige Grashalme am Straßenrand hinzu und fülle den Rest der Grünfläche mit der Vorlage „z) Stamp_Grass_Patch". Für das Gras wähle ich das Grün des Hintergrunds und ändere dessen Helligkeit, um ein leicht dunkleres Grün zu erhalten. Unterhalb des

Farbdreiecks finden Sie drei Zeilen, den Farbton, die Sättigung und die Helligkeit. Anpassen der Helligkeit macht es leicht, hellere und dunklere Farben zu wählen, ohne dabei den Farbton zu ändern.

Ich erstelle eine zweite Grasebene und schiebe diese unter die Ebene „Haus". Dadurch kann ich weitere Grasflecken halb hinter dem Haus hinzufügen, ohne mir Gedanken über die Farbübergänge machen zu müssen.

Auf der Ebene „Büsche" male ich einige wirre braune Linien mit dem Wasserfarben-Pinsel. Über diese male ich anschließend mit der Pinselvorlage „y) Texture_Large_Splat" im Textur-Menüpunkt und füge noch ein paar Details, wie ein paar rote Beeren, mit anderen Pinseln hinzu.

All dies ist ohne Texturvorlagen möglich, aber nicht unbedingt in diesem Detail, wenn man nur die Maus benutzt. Je nachdem, wie viel Zeit und Aufwand man in seine Arbeit stecken möchte, muss jeder selbst entscheiden, wie er diese Werkzeuge verwendet.

LICHT UND SCHATTEN

Schattierungen verleihen Bildern erst Leben. Traditionell würde man leicht dunklere Farben nehmen und die Schattenstellen bemalen. Sie können dies digital ebenfalls tun, ich werde Ihnen allerdings eine alternative Methode schildern.

Schatten haben die Eigenschaft, dass sie hinter ihren Erzeugern liegen, aber vor anderen Objekten. Das bedeutet, dass Sie Schatten auf einer Ebene zwischen diesen beiden malen müssen.

In unserem Fall möchte ich den Schatten des Dachs auf die Hauswand fallen lassen. Ich erstelle also eine neue Ebene unterhalb der Ebene „Dach" und nenne diese „Schatten Dach". Nun wähle ich erneut die Wasserfarbenvorlage für den Pinsel sowie die Farbe Schwarz. Jetzt haben Sie zwei Optionen. Sie können entweder die Deckkraft des Pinsels reduzieren oder die Deckkraft der Ebene. Es erfordert etwas mehr Geschick, saubere Schatten zu malen, wenn Sie die Deckkraft des Pinsels anpassen. Ich werde es simpel halten und die Deckkraft der Ebene ändern. Ein Wert von ungefähr 20 % kommt mir gut vor, aber probieren Sie selbst, um herauszufinden, was Ihnen gefällt.

Um unterschiedlich starke Schatten zu malen, erstellen Sie einfach weitere Ebenen mit verschiedenen Deckkraft-Werten.

Wie Sie sich sicher denken können, werden Lichter genauso produziert. Malen Sie diese mit weißer Farbe auf einer neuen Ebene mit wenig Deckkraft und schon sind Sie fertig. Da Lichter an oberster Stelle liegen, müssen Sie sich auch nicht weiter um die Position der Lichtebene kümmern. Fügen Sie diese einfach an oberster Stelle hinzu. Für die Deckkraft empfehle ich einen Wert von ca. 30 bis 35 %, aber natürlich kommt dieser darauf an, wie stark das Licht sein soll.

Ich male etwas Weiß in die Fensterscheiben auf der Sonnenseite, um den Anschein zu erwecken, dass diese die Sonne reflektieren.

An dieser Stelle möchte ich Sie auf Mischmodi verweisen. Direkt über der Ebenendeckkraft sehen Sie ein Auswahlmenü, in dem „Normal" steht. Hier lässt sich der Mischmodus auswählen. Duplizieren Sie Ihre Lichtebene (Rechtsklick → Ebene duplizieren) und stellen Sie die Deckkraft auf 100 %. Wenn Sie nun den Mischmodus auf „Weiches Licht (SVG)" einstellen und die ursprüngliche Lichtebene ausblenden, so werden Sie merken, dass der Effekt der Gleiche ist. Es gibt auch einen Modus „Verdunkeln", der entsprechend Schatten erzeugt.

EXPERIMENTIEREN MIT FILTERN

Eine weitere wunderbare Funktion der digitalen Bildbearbeitung sind Filter. Ich wähle die zuvor erstellte Ebene „Sonne" aus. Oben in der Menüleiste unter Filter finden Sie eine Liste aller Filter. Unter *Weichzeichnen* finden Sie Linsentrübung. Es öffnet sich ein Fenster, in dem Sie weitere Einstellungen vornehmen können. Ich setze den Radius auf 100 px. Spielen Sie etwas mit den Werten und beobachten Sie, wie Ihre Grafik sich ändert.

Es gibt auch Filtermasken. Diese wenden den Filter in Echtzeit an, ohne Objekte im Dokument direkt zu ändern. Dies erlaubt Ihnen, selbst nach Anwendung des Filters noch Änderungen vorzunehmen, ohne den Filtereffekt zu zerstören.

Ihre Sonne sieht zwar gut aus, aber ein Ball im Himmel leuchtet noch nicht. Sie wissen bereits, wie Sie Lichtebenen erstellen können. Sie könnten Lichtstrahlen mit dem Pinsel malen. Es gibt allerdings ein weiteres Werkzeug, das hier hilfreich ist – das Verlaufswerkzeug. Sie finden es oberhalb des Füllwerkzeugs oder mit dem Tastenkürzel G. Oben sehen Sie links neben der Vorder- und Hintergrundfarbe ein Quadrat, welches „Verläufe" heißt. Dort können Sie die Farben einstellen, die das Verlaufswerkzeug verwendet.

Ich erstelle eine neue Ebene und ziehe eine schräge Linie von der Sonne aus Richtung Mitte des Bilds. Ein Teil des Bilds ist nun weiß. Dieses Weiß verblasst zur Mitte hin. Ändern Sie die Deckkraft der Ebene, um den Lichteffekt zu erzeugen. Je nachdem, wo Ihre Schatten liegen, sind weitere Feinarbeiten eventuell nötig. Sie können eine Auswahl erstellen und das Verlaufswerkzeug in dieser verwenden, wenn es nur auf bestimmten Teilen des Bilds sein soll. Sie können ebenfalls Teile des gemalten Verlaufs löschen oder stärker zeichnen. Um Linien mit variierender Deckkraft zu erstellen, wie Verläufe dies tun, ist ein Zeichentablett stark zu empfehlen. Es ist allerdings auch mit Pinseleinstellungen möglich, aber eher kompliziert.

FERTIGSTELLEN DES BILDDOKUMENTS

Mein Bild ist für meine Zwecke vollendet. Sie können aber gern noch weiter daran arbeiten. Als Anregung könnten Sie zum Beispiel spiegelnde Lichtflecken auf der Straße erstellen. Haben Sie die Straßenebene schon einmal ausgeblendet? Erstellen Sie eine zweite Straßenebene und füllen Sie diese stattdessen mit einem Sandweg. Die Möglichkeiten sind endlos – verbessern Sie Ihr Bild so lange, bis Sie persönlich damit zufrieden sind. Viele Resultate können auch nur mit genügend Geschicklichkeit im digitalen Malen erreicht werden – folgen Sie diesem Beispiel noch einmal in einigen Monaten, um Ihren Fortschritt zu vergleichen.

Um bestimmte Effekte zu erzielen, empfehle ich eine Internet-Suche. Vor allem auf YouTube gibt es sehr viele kurze Videos, die erklären, wie man digital bestimmte Effekte produzieren kann.

Ich bin bisher nicht weiter aufs Speichern eingegangen. Natürlich können Sie Ihr Dokument jederzeit speichern und beim nächsten Mal weitermalen. Speichern Sie Ihr Dokument also ab. Kritas eigenes Format sind .kra-Dokumente. Krita unterstützt auch das Speichern als .psd-Dokument. Somit können Sie Ihr

Dokument auch in Adobe Photoshop bearbeiten (und umgekehrt).

Um Ihr Dokument als Bild zu verwenden, gehen Sie im Dateimenü oben links entweder auf „Speichern unter ..." oder auf „Exportieren" und wählen Sie bei „Speichern als: „PNG-Bild (.png)" aus. Ein Fenster wird sich öffnen, indem Sie weitere Einstellungen zum PNG-Format vornehmen können. Sie können die Komprimierung ändern, brauchen sich aber im Allgemeinen nicht weiter darum zu kümmern. Klicken Sie auf O.K. und Ihr Bild ist bereit zum Einsatz.

Nachwort

Ich hoffe, ich konnte Ihnen die digitale Bildbearbeitung etwas näherbringen. Dies ist nur der Einstieg zu einer neuen Welt an unbegrenzten Möglichkeiten. Solange Sie nicht das Interesse am Experimentieren und Probieren verlieren, werden Sie immer Spaß daran haben, neue Methoden zu entdecken und zu verwenden. Das saubere Malen und Zeichnen selbst mögen anfangs etwas schwerfallen, aber das ist etwas, was sich nur mit Zeit lernen lässt.

Auch, wenn vieles an Hintergrundwissen sehr komplex ist, ist es nichts, wofür man aktiv studieren muss. Es erweitert sich über die Jahre durch Erfahrung effektiv von selbst. Ich hoffe, ich konnte zeigen, dass selbst mit wenig Vorwissen Resultate erzielt werden können. Digitale Bildbearbeitung ist eines der besten Felder für „learning by doing". Je mehr Zeit Sie investieren, desto geschickter und erfahrener werden Sie.

Ich wünsche Ihnen viel Spaß und Erfolg auf Ihrem weiteren Weg in der digitalen Kunst.

Herstellung und Verlag:

BoD – Books on Demand, Norderstedt

ISBN: 9783754334928

© Sebastian Engelmann 2021

1. Auflage

Kontakt: Psiana eCom UG/ Berumer Str. 44/ 26844 Jemgum

Covergestaltung: Fenna Larsson

Coverfoto: depositphotos.com